Meine erste Tier-Bibliothek

Der Delfin

Text von Renée Lebloas

Fotos von François Gohier / PHO.N.E.

esslinger

Der Große Tümmler ist in allen Weltmeeren zu Hause.

Wenn er springt, wird er noch schneller.

Ein komisches Geräusch!

Die Sonne ist gerade aufgegangen. Zwischen den Steinen flitzen Tausende von Fischen im blauen Wasser umher. Alles ist ruhig.
Plötzlich ertönt ein komisches Geräusch: krriiick, krriiick.
Wie eine quietschende Tür.
Ein Großer Tümmler!
Er springt über die Wellen und zurück ins Wasser.
Es spritzt nach allen Seiten.
Platsch!

Eine nette Art

Delfine leben im Meer, aber es sind keine Fische. Unter Wasser müssen sie die Luft anhalten, genau wie du. Es sieht fast so aus, als würden sie ständig lächeln – das liegt an der Form des Kiefers. Aber mit dieser merkwürdigen Schnauze können sich die Delfine bestens verteidigen. Rums! Ein kräftiger Hieb in den Bauch eines Angreifers genügt meist schon.

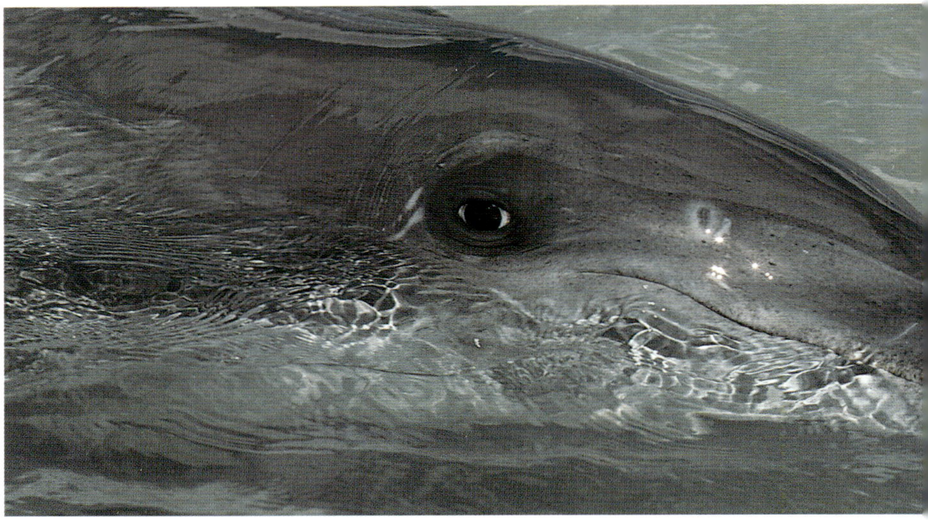

Delfine können unter und über Wasser gleich gut sehen.

Auf der Haut wächst kein Fell. Sie ist weich wie Samt.

In den Zähnen verfangen sich die glitschigen Fische.

Delfine stoßen wie wir Menschen bei jeder Ausatmung Luft aus den Lungen.

Sie haben ein Blasloch oben auf dem Schädel. Beim Tauchen schließt es sich.

Delfine leben in Gruppen, damit sie sich besser verteidigen können.

Ein Delfin kann 15 Min. tauchen, ohne Luft zu holen.

Sie können 300 m tief tauchen.

Zum Vorwärtsschwimmen schlagen Delfine mit dem Schwanz von oben nach unten.

Verirrt!

Zum Spielen tauchen, springen und schwimmen die Delfine in den Wellen um die Wette. Auf einmal schwimmt einer von ihnen auf die hohe See hinaus. Einige kräftige Schwanzschläge genügen, schon ist er allein im weiten Meer. Achtung! Dunkle Schatten liegen auf der Lauer. Wo ist seine Familie? Ohne sie ist er hilflos.

Das Bio-sonar

In diesem trüben Wasser weiß der Delfin nicht mehr, wo er ist. Findet er auch wieder zurück? Aber ja! Hinter seiner breiten, gewölbten Stirn hat er nämlich ein Biosonar. Dieser wunderbare Sinn sendet hohe Laute aus, die wie ein Echo zu ihm zurückgeschickt werden, wenn sie auf Hindernisse treffen. So ortet er seine Familie und schwimmt schnell zu ihr zurück.

Mit dem Biosonar ortet der Delfin jedes Hindernis.

Er sieht alles, auch in trübem Wasser und im Dunkeln.

So findet er auch Fische, sogar aus großer Entfernung.

Dieser Delfin sucht im Sand nach Fischen.

Manchmal jagen Haie und Delfine gemeinsam.

Die Sardinen haben Angst! Sie schwimmen wieder zueinander, aber sie haben keine Chance.

Frohes Fischen!

In der Ferne schwimmt ein Fischschwarm vorbei. Hmmm, Sardinen! Alle Delfine sausen zu der leckeren Beute. Sie umzingeln sie und treiben sie wieder zusammen, indem sie kräftig mit dem Schwanz im Wasser schlagen. Die Sardinen sitzen in der Falle. Die Delfine müssen sie nur noch fressen. Hmm, lecker! Was für ein Festmahl!

Echte Schmusetiere!

Einmal im Jahr verlieben sich die Delfine. Die Männchen machen große Sprünge und Drehungen, um die Weibchen auf sich aufmerksam zu machen. Dann tun sie sich zu Paaren zusammen. Sie tanzen im Wasser und streicheln sich. Treu sind die Delfine aber nicht. Wenn sie ein Kind gemacht haben, trennen sie sich und suchen sich einen neuen Partner.

Wenn Delfine sich lieb haben, umarmen sie sich zärtlich mit den Flossen.

Im Kampf mit einem Rivalen greifen Delfine mit der Schnauze voran an und beißen zu.

Verliebte Delfine springen bis zu 6 m hoch!

Das Baby ist da

Das Delfinbaby wird unter Wasser geboren, mit dem Schwanz voraus. Sofort bringt ihn ein Weibchen aus der Gruppe zum Atmen an die Wasseroberfläche.

Schwertwale sind die schlimmsten Feinde der Delfine.

Das Baby ist riesengroß. Schon sehr bald wird es so groß sein wie seine Mama.

Vier bis sechs Jahre lang bleiben Mutter und Kind zusammen.

Ein älteres Weibchen hilft Mutter und Kind.

Das Baby trinkt die gute Muttermilch, ohne auch nur einen Tropfen zu verschwenden. Dann versucht es zu schwimmen. Seine Mama ermutigt es. Es könnten ja Haie oder Schwertwale kommen. Eine halbe Stunde später kommt das Baby schon allein zurecht.

Von fünf Delfinkälbern wird eins vom Hai gefressen, bevor es groß ist.

Zum Glück haben die Kleinen vor nichts Angst, wenn sie unter dem Bauch ihrer Mutter schwimmen.

Ab in die Schule!

Die kleinen Delfine müssen noch viel lernen: jagen, Gefahren erkennen, sich verteidigen. Zur Verständigung pfeifen sie und senden Klicklaute. Manchmal ist ein Kälbchen ungehorsam. Es wagt sich über die Grenzen des Erlaubten hinaus. Vorsicht! Überall lauern Haie. Wenn ein Erwachsener den Frechdachs zurückholt, drückt er ihn zur Strafe auf den Meeresgrund, bis er weint.

15 Jahre später ...

Eines Tages, wenn es fast erwachsen ist, muss das Kleine seine Mutter verlassen. Jetzt kann es sich allein durchschlagen. Anfangs bleibt es bei den anderen Jungtieren. Einige Männchen werden Vater. Die jungen Weibchen bekommen ihr erstes Baby. Bei Sonnenuntergang springen die Delfine immer noch übers Wasser. Dann tauchen sie – auf zu neuen Abenteuern!

Die Junggesellen unter den Delfinen schließen oft Freundschaften fürs Leben.

Arme Delfine!

Viele Menschen verehren die Delfine. Andere jagen sie, fangen sie oder lassen sie in ihren Netzen ertrinken. Das ist nicht richtig. Sie sollten in unseren Meeren frei schwimmen dürfen!

Viele Delfine verfangen sich in Netzen.

Fallen im Meer

Viele Hochseefischer ziehen riesige Netze hinter ihren Booten her. Sie sind sehr lang und sehr hoch. In diesen riesigen geflochtenen Zäunen verfangen sich nicht nur Fische, sondern auch Delfine. Sie können nicht mehr an die Wasseroberfläche schwimmen und müssen ertrinken. Um Todesfälle dieser Art zu verhindern, wurden allzu lange Netze inzwischen verboten.

Hauptsache nicht allein!

Delfine sind nicht gern allein. Sie brauchen ihre Familie, sonst werden sie traurig. Delfine, die von ihrer Gruppe verstoßen wurden, kommen auf der Suche nach Gesellschaft oft zu den Menschen. Sie werden »Botschafterdelfine« genannt.

Delfine nähern sich den Menschen oft aus Langeweile.

Freiheit!

Seit 30 Jahren zeigen die Menschen Delfine in Meereszoos, in Delfinarien. Kinder finden das toll. Inzwischen ist aber bekannt, dass die Tiere vor Langeweile und Trauer sterben, weil sie in ihren Becken immer nur im Kreis schwimmen können. Man sollte sie nicht einsperren, um sie wissenschaftlich zu untersuchen oder um Clowns aus ihnen zu machen. Es wäre besser, sie in ihrem natürlichen Lebensraum zu beobachten.

In Delfinarien werden Delfine unglücklich.

Weitere Delfine

Delfine sind keine Fische, sondern Meeressäugetiere. Sie sind Warmblüter wie wir Menschen. Wie wir haben sie Lungen und stillen ihre Babys.
Beim Schwimmen schlagen sie mit dem Schwanz von oben nach unten und nicht wie Fische von rechts nach links. Es gibt 32 Delfinarten.

Ein Grindwal

Grindwale erkennt man an ihrem riesigen, runden Kopf. Sie leben in Gruppen, fressen Tintenfische und können anderthalb Stunden unter Wasser bleiben, ohne Luft holen zu müssen.
Ein Rekord!

Ein Schwertwal

Schwertwale
sind die Riesen unter den Delfinen. Sie sind 10 m lang und wiegen 6 Tonnen. Sie sind der Schrecken der Meere und greifen nicht nur Wale, sondern auch andere Delfine an. Menschen fressen sie aber nicht.

Familienalbum

Fleckendelfine

Fleckendelfine sind von Flecken übersät. So werden sie von ihren Feinden erst spät gesehen. Sie selbst können ihre Verwandten umso besser erkennen.

Ein Risso's Delfin

Wenn **Risso's Delfine** miteinander kämpfen, beißen sie kräftig zu. Deshalb siehst du überall auf ihrer Haut Narben. Sie kämpfen auch mit großen Riesenkraken, bevor sie sie fressen.

Ein Gemeiner Delfin

Gemeine Delfine leben gern mit ihresgleichen zusammen in den weiten Weltmeeren. Sie lassen sich nicht zähmen. Wenn man sie einsperrt, sterben sie.

Die Verwandten der Delfine

Unter den zahntragenden Walen gibt es neben den Delfinen noch andere Familien. All diese Tiere haben ein Biosonar, ein großes Gehirn, nur ein einziges Blasloch und natürlich – Zähne. Die echten Wale gehören nicht dazu, sie haben nämlich Barten statt Zähne.

Ein Amazonas-delfin

Die **Amazonasdelfine** leben in Flüssen. Sie sind so gut wie blind, aber ihr Biosonar ist sehr gut entwickelt. Deshalb jagen sie problemlos auch in trüben Gewässern Piranhas und Katzenwelse.

Ein Pottwal

Der **Pottwal** ist der absolute Koloss unter den bezahnten Walen. Er ist auch ein hervorragender Taucher. Er taucht tiefer als 2000 m, um Riesenkraken zu fangen.

Belugas sind weiß wie Schnee. Das ist ihre Tarnfarbe im Packeis, damit ihre schlimmsten Feinde, Eisbären und Schwertwale, sie nicht so leicht erkennen.

Ein Weißwal oder Beluga

Ein Kleiner Tümmler

Kleine Tümmler meiden die Menschen und spielen nie in der Nähe von Schiffen. Dieser hier wurde aus einem Netz befreit. Die Wissenschaftler haben eine Markierung an seinem Körper befestigt, bevor sie ihn wieder freiließen. Auf diese Weise können sie seinen Weg verfolgen und ihn besser kennen lernen.

Einige Fragen zum Leben der Delfine. Die Antworten findest du in diesem Buch.

Fotos © 1999:
Agence PHO.N.E.: F. Gohier: S. 4, 8, 9, 10-11 (o.), 10 (u.r.), 11, 13, 17, 18 (o.), 19, 22-23, 24 (o.), 25, 26 (u.), 27 (o.l. und u.), 28 (u.), 29; D. Brandelet: S. 10 (u.l.); B. Saunders/Auscape: S. 14 (o.l.), 20-21; Tui de Roy/Auscape: S. 14 (u.l.); J. Jacobsen/F. Gohier Pictures: S. 14 (u.l.). R. Lebloas/J. Julienne: Umschlag vorn und hinten, S. 6-7 und 7 (u.), 12. J. Foudraz/Marineland Antibes: S. 16, 18 (u.). J.-M. Bompar-Cruells: S. 24 (u.); J.-M. Bompar: S. 27 (o.r.). Agence BIOS: WU. N./Peter Arnold: S. 28 (o.); C. Weiss: S. 26 (o.)

Die französische Originalausgabe erschien erstmals 1999
unter dem Titel »Le dauphin« bei Éditions Milan, Toulouse, Frankreich.
Herausgeberin: Valérie Tracqui

Aus dem Französischen von Anne Brauner.

Anschrift: Postfach 10 03 25, 73703 Esslingen
www.esslinger-verlag.de
ISBN 978-3-480-20647-6 (14690)

8. Auflage 2007